Ich werde
Ballerina

Lektorat Lindsay Kent, Simon Beecroft, Alex Allan
Gestaltung und Bildredaktion Lauren Egan, Kate Mullins, Lisa Lanzarini,
Herstellung Rochelle Talary
Leseberatung Cliff Moon, M.Ed.

Für die deutsche Ausgabe:
Programmleitung Monika Schlitzer
Redaktionsleitung Martina Glöde
Projektbetreuung Nadine Matheiowetz, Christian Noß
Herstellungsleitung Dorothee Whittaker
Herstellungskoordination Bianca Isack, Bettina Bähnsch
Herstellung Evely Xie, Christine Rühmer
Umschlaggestaltung Sonja Gagel

Titel der englischen Originalausgabe:
I Want to Be a Ballerina

Text Annabel Blackledge
Übersetzung Simone Heller
Lektorat Elke Sagenschneider Texte und Projekte, München

ISBN 978-3-8310-4477-1

Druck und Bindung TBB, a.s., Slowakei

MIX
Aus verantwortungs-vollen Quellen
FSC® C022120

www.dk-verlag.de

Ich werde
Ballerina

DK

Heute hat Klara
ihre erste
Ballettstunde.

Sie zieht
ihre neuen
Ballettschuhe und ihren
rosa Turnanzug an.

Sie trifft ihre Freundin Sara
und hilft ihr mit
den Ballettschuhen.

Ballettschuhe

Klaras
Ballettlehrerin
heißt Anna. Sie
tanzt sehr gut.

Klara lernt die anderen Kinder in ihrem Kurs kennen. Sie freuen sich alle aufs Tanzen.

Zuerst wärmen sich alle auf.

Die Kinder formen mit
den Händen Spinnen.

Dann machen sie mit
den Fingern eine Krone
und setzen sie auf.

Sie richten sich ganz
gerade auf wie Könige
und Königinnen.

Anna zeigt den Kindern,
wie man sich dehnt.

Jana bewegt sich wie
ein Baum im Wind.
Erst dehnt sie
eine Seite,
dann die andere.

Klara und Mia dehnen
die Beine. Kommen sie
bis zu den Zehen?

Anna bringt dem Kurs
die Positionen
der Füße bei.

Klara stellt die
Fersen aneinander.
Die Füße sind
nach außen
gerichtet.

Das ist die
erste Position.

zweite Position

dritte Position

erste Position

13

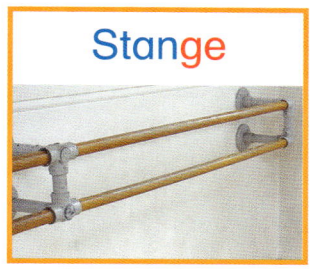
Stange

Die Kinder gehen
an die Stange.
Sie stellen sich
auf die Zehenspitzen.
Sie gehen zurück
auf die Fersen.

Sie halten den Kopf hoch
und den Rücken gerade.

Klara will ohne Stange
auf Zehenspitzen
stehen, ohne zu
wackeln. Das
ist schwer!

auf
Zehenspitzen

Die Kinder spielen Flamingos.
Sie stellen sich auf ein Bein.

Mia kann richtig gut hüpfen.
Sie zeigt den anderen
Kindern, wie es geht.

Sie hält den Rücken gerade
und die Zehen nach unten.

Sie hüpft mit leichten
Schritten durch den Raum.

Klara, Jana und Mia sollen auf Zehenspitzen durch den Raum laufen. Sie machen ganz sachte, leichte Schritte.

Bitte lächeln!

Finn will marschieren.
Er nimmt die Arme hoch.
Er hebt die Knie und richtet
die Zehen nach unten.

Max klatscht
in die Hände,
und Finn
marschiert
im Takt.

Jetzt macht Finn ein paar
Sternsprünge.

Er macht eine Rakete nach.
Erst rollt er sich zusammen,
dann schießt er hoch.
Dabei streckt er die Arme
und Beine wie ein Stern.

strecken

Als Nächstes denken
sich die Kinder
eigene Tänze aus.

Klara spielt ein Blatt im Wind. Alle bewegen sich ganz sachte, wie Anna es ihnen gezeigt hat.

Bevor die Kinder
heimgehen, lässt
Anna sie Kostüme
probieren.

Klara trägt einen
Rock aus vielen
Schichten Tüll.
Den nennt man
Tutu.

Tutu

Am Ende verabschieden
sich alle mit einem Knicks.
Anna zeigt Klara,
wie man knickst.

Klara verschränkt
die Füße und
beugt die Knie.
Perfekt!

Klara bedankt sich.
Sie freut sich schon auf
die nächste Ballettstunde.

Bastle dir eine Ballerina

1

Falte die Muffin-Form in der Mitte, sodass sie wie ein Tutu aussieht. Schneide mit der Schere in der Mitte eine kleine Lücke, in die der Löffel passt.

2

Schiebe den Löffel in die Muffin-Form und befestige ihn mit etwas Bastelkleber. Dann male auf den Löffelgriff ein Oberteil, Beine und Ballettschuhe.

3

Male ein Gesicht auf den Löffel. Binde einige Wollfäden mit einem Wollfaden zusammen. Anschließend klebe sie mit Bastelkleber oben als Haare auf den Löffel.

4 Schneide aus Biege-
plüsch ein Teil zurecht
und klebe es auf die
Rückseite des Löffels
unter den Kopf. Verziere
die Haare mit einem
Glitzerstern, den du
anklebst.

Du kannst auch noch andere Löffelfiguren basteln
und dann eine Theateraufführung veranstalten.

Liebe Eltern,

Lesen macht Spaß! Denn es gibt so viele spannende Geschichten. Und Lesen ist sehr nützlich, denn viele Informationen erschließen wir uns lesend.

Mit den **SUPER**LESER!-Büchern für Erstleser möchten wir Ihrem Kind genau das vermitteln. Die Leseabenteuer in vier verschiedenen Lesestufen verbinden wunderbar spannende Geschichten mit vielen interessanten und nützlichen Sach-informationen in unterschiedlichen Textformen.

In den ersten beiden Lesestufen sind die **Sprechsilben der Wörter farbig markiert.** Das erleichtert den Einstieg ins Lesen, weil die Wörter dadurch besser zu verstehen sind.

Mit diesen Tipps und Informationen können Sie Ihr Kind dabei unterstützen, dass es begeistert und erfolgreich lesen lernt:

Haben Sie Geduld! Nicht jedes Kind ist eine geborene Lese-ratte, und manche brauchen etwas länger, um sich mit dem Lesen anzufreunden. Lesen Sie Ihrem Kind auch weiterhin vor. Dabei bekommt es ein Gefühl für fließendes Lesen, ausdrucks-starke Sprache und richtige Betonung. Fragen Sie es immer wieder einmal, ob es Ihnen vorlesen möchte.

Je mehr, desto besser! Mit jedem Text, den Ihr Kind liest – sei es ein Gedicht, eine Geschichte oder ein Sachtext –, wer-den sich seine Lesefähigkeit, sein Gefühl für Sprache und sein Verständnis schwieriger Wörter weiterentwickeln. Am besten liest es regelmäßig, aber nur so lange, wie es mag. Dabei reichen am Anfang zehn Minuten völlig aus.

Nicht zu schnell! Achten Sie darauf, dass Ihr Kind sich Zeit nimmt, jedes Wort in Ruhe auszusprechen und seine Bedeutung zu verstehen. Die Sachtexte sind für Ihr Kind etwas schwerer zu lesen als die erzählenden Passagen. Loben Sie Ihr Kind, wenn es sich ein schwieriges Wort erschlossen hat oder einen Satz noch einmal anders betont liest, nachdem es den Sinn verstanden hat.

Seien Sie ein guter Zuhörer! Wenn es bereit ist, lassen Sie Ihr Kind laut vorlesen und hören Sie ihm aufmerksam zu. Unterbrechen Sie es nur, wenn es wirklich nötig ist. Oder machen Sie zwischendurch, zum Beispiel vor Beginn eines neuen Kapitels, kleine Pausen, in denen Sie über das Gelesene sprechen. Auch die Quizfragen am Buchende bieten eine spielerische Möglichkeit, das Textverständnis zu überprüfen.

Geteilte Freude ist doppelte Freude! Laden Sie andere Zuhörer und Vorleser – Geschwister, Großeltern oder gute Freunde – ein: Lesen Sie mit verteilten Rollen oder veranstalten Sie einen Lesenachmittag. Nach der ersten Aufregung werden Stolz und Freude an den geteilten Geschichten überwiegen.

Seien Sie Vorbild! Wenn Sie selbst viel lesen, wird auch Ihr Kind dies als selbstverständliche und erfüllende Beschäftigung kennenlernen.

Spaß muss sein! Wählen Sie die Bücher und Texte nach den Interessen Ihres Kindes aus. Das erhöht die Lust aufs Lesen und sorgt für lang anhaltende Motivation.

Wir wünschen Ihnen und Ihrem Kind viel Freude beim gemeinsamen Lesen!

Begriffe

Ballettschuhe
Weiche Schuhe
für Tänzer und
Tänzerinnen.

Stange
Ein Handlauf für
Aufwärmübungen
beim Ballett.

strecken
Einen Teil des Körpers
ganz nach außen halten.

auf Zehenspitzen
Leise auf den Spitzen
der Zehen gehen.

Tutu
Der kurze Rock
einer Ballerina.

Das Ballett-Quiz

1. Mit was hilft Klara ihrer Freundin Sara?

2. Wie heißt die Ballettlehrerin?

3. Was machen sie zuerst im Unterricht?

4. Machen die Kinder mit den Fingern eine Krone?

5. Was kann Mia richtig gut?

6. Winken die Kinder zum Abschied?

SUPER**LESER!**
Ich werde **Ballerina**

SUPER**LESER!**
Lina im **Streichelzoo**

SUPER**LESER!**
Alarm im **Dino-Museum**

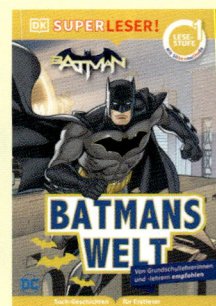

SUPER**LESER!**
BATMANS WELT

SUPER**LESER!**
Sophie bei den **Pferden**

SUPER**LESER!**
STAR WARS
WER SIND DIE **JEDI-RITTER?**

SUPER**LESER!**
Hallo, **Igel!**

SUPER**LESER!**
Insekten top getarnt

SUPER**LESER!**
Vorsicht, **Dinos!**

SUPER**LESER!**
Willkommen **kleiner Hund!**

SUPER**LESER!**
Tiere des **Regenwalds**

SUPER**LESER!**
STAR WARS THE **MANDALORIAN**
GROGUS ABENTEUER

SUPER**LESER!**
WOOZLE GOOZLE **UMWELTHELD**

SUPER**LESER!**
Zu Besuch bei **den Affen**

SUPER**LESER!**
Wo bist du **kleiner Delfin?**

SUPER**LESER!**
WOOZLE GOOZLE **WELTRAUMABENTEUER**